THE HAUNTED!
¡LO ENCANTADO!

HAUNTED HOTELS

HOTELES ENCANTADOS

THOMAS KINGSLEY TROUPE
Translated by/Traducción de Santiago Ochoa

A Crabtree Branches Book
Un libro de Las Ramas de Crabtree

Crabtree Publishing
crabtreebooks.com

School-to-Home Support for Caregivers and Teachers

This high-interest book is designed to motivate striving students with engaging topics while building fluency, vocabulary, and an interest in reading. Here are a few questions and activities to help the reader build upon his or her comprehension skills.

Before Reading:

- *What do I think this book is about?*
- *What do I know about this topic?*
- *What do I want to learn about this topic?*
- *Why am I reading this book?*

During Reading:

- *I wonder why...*
- *I'm curious to know...*
- *How is this like something I already know?*
- *What have I learned so far?*

After Reading:

- *What was the author trying to teach me?*
- *What are some details?*
- *How did the photographs and captions help me understand more?*
- *Read the book again and look for the vocabulary words.*
- *What questions do I still have?*

Extension Activities:

- *What was your favorite part of the book? Write a paragraph on it.*
- *Draw a picture of your favorite thing you learned from the book.*

Apoyos de la escuela a los hogares para cuidadores y maestros

Este libro de gran interés está diseñado con temas atractivos para motivar a los estudiantes, a la vez que fomenta la fluidez, el vocabulario y el interés por la lectura. Las siguientes son algunas preguntas y actividades que ayudarán al lector a desarrollar sus habilidades de comprensión.

Antes de leer:

- *¿De qué creo que trata este libro?*
- *¿Qué sé sobre este tema?*
- *¿Qué quiero aprender sobre este tema?*
- *¿Por qué estoy leyendo este libro?*

Durante la lectura:

- *Me pregunto por qué...*
- *Tengo curiosidad por saber...*
- *¿En qué se parece esto a algo que ya conozco?*
- *¿Qué he aprendido hasta ahora?*

Después de la lectura:

- *¿Qué intentaba enseñarme el autor?*
- *¿Qué detalles recuerdo?*
- *¿Cómo me han ayudado las fotografías y los pies de foto a comprender mejor el libro?*
- *Vuelvo a leer el libro y busco las palabras del vocabulario.*
- *¿Qué preguntas me quedan?*

Actividades de extensión:

- *¿Cuál fue tu parte favorita del libro? Escribe un párrafo al respecto.*
- *Haz un dibujo de lo que más te gustó del libro.*

TABLE OF CONTENTS

ÍNDICE

Checking In... Forever

Registrándose... para siempre

You awaken in the middle of the night and sit up. It feels like someone is watching you. The air is cold, making you shiver. In the darkness, you see a figure standing at the end of the bed. Your heart races as you turn on the bedside lamp. As soon as the room is lit up, the figure is gone. Is this hotel actually haunted?

Te despiertas en medio de la noche y te incorporas. Sientes como si alguien te estuviera observando. El aire está frío, te hace temblar. En medio de la oscuridad, en un extremo de la cama, ves a una figura de pie. Tu corazón se acelera, enciendes la lámpara de noche. Tan pronto la enciendes, la figura desaparece. ¿Estará encantado el hotel?

Every state or country has a haunted history. Hotels are where travelers check in for a relaxing vacation. Unfortunately, some of the ghostly guests from long ago never bothered to check out! For now, the hotels in this book are still open for business, haunted or not!

Todo estado o país tiene una historia embrujada. Los hoteles son lugares donde los viajeros se registran para unas vacaciones relajadas. Desafortunadamente, ¡algunos de los fantasmales huéspedes nunca se molestaron en irse del hotel! Por ahora, los hoteles que aparecen en este libro siguen abiertos al público... ¡ya sea que estén encantados o no!

Grab your flashlight and take a deep breath. You're about to discover why these hotels are among...THE HAUNTED.

Agarra tu linterna y respira profundo. Estás a punto de descubrir por qué estos hoteles están dentro de ¡LO ENCANTADO!

FRIGHTENING FACT

There is at least one haunted hotel in every state in the United States of America.

UN DATO ATERRADOR

Hay al menos un hotel encantado en cada estado de los Estados Unidos.

Hollywood Roosevelt Hotel

El hotel Hollywood Roosevelt

Along the Hollywood Walk of Fame in California sits the Hollywood Roosevelt Hotel. The Roosevelt opened in 1927 and many famous guests have stayed there.

El hotel Hollywood Roosevelt está situado en el paseo de la fama en Hollywood, California. El hotel abrió en 1927 y muchos huéspedes famosos se han quedado allí.

Some claim to have seen the ghosts of famous actors. Marilyn Monroe's image often appears in a mirror in room 1200 where she lived for two years. Montgomery Clift's ghost is said to pat visitors on the shoulder.

Algunos afirman haber visto los fantasmas de actores y actrices famosas. La imagen de Marilyn Monroe aparece con frecuencia en el espejo de la habitación 1200, donde ella vivió dos años. Se dice que el fantasma de Montgomery Clift les da palmaditas en los hombros a los visitantes.

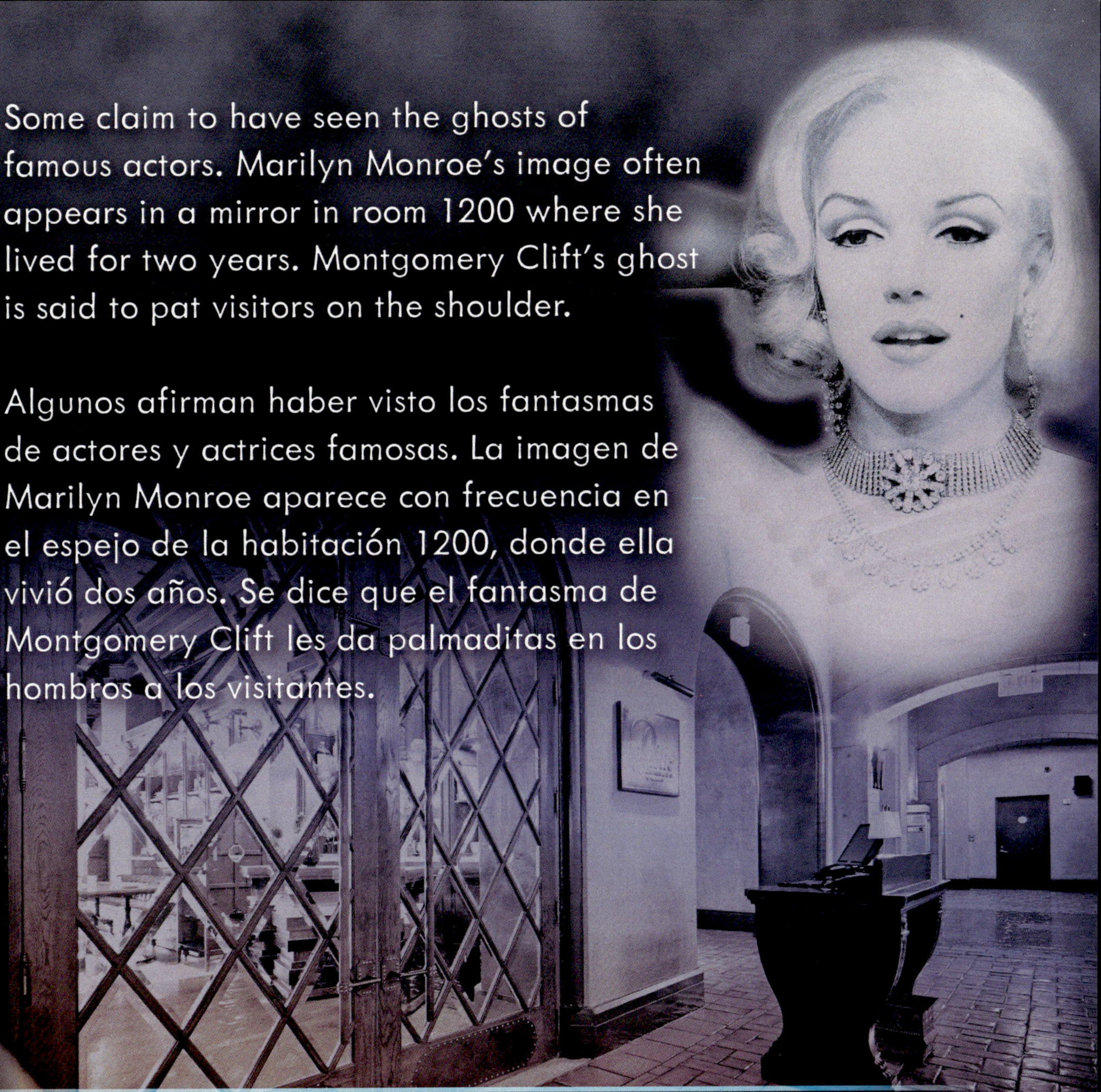

FRIGHTENING FACT

Famous people aren't the only ghosts that haunt the Roosevelt. Some have witnessed a ghostly girl in a blue dress. The little girl is known as Caroline and seems to be looking for her mother.

UN DATO ATERRADOR

Las personas famosas no son los únicos fantasmas que rondan por este hotel. Algunas personas han visto a una niña fantasmal con un vestido azul. Es conocida como Caroline y parece estar buscando a su mamá.

7

Ancient Ram Inn, England

Ancient Ram Inn, Inglaterra

The Ancient Ram Inn in England was built in 1145. It was the former home of a priest and rumored to sit on top of an ancient **pagan** burial ground.

El Ancient Ram Inn, en Inglaterra, fue construido en 1145. Era el antiguo hogar de un sacerdote y se rumora que está construido encima de un antiguo cementerio **pagano**.

Evil things happened in the inn's past. A woman who was believed to be a witch hid inside Ancient Ram. She was later captured and burned at the stake.

En este hotel han sucedido cosas malas. Una mujer de la que se creía que era bruja se escondió en este hotel. Fue capturada y quemada en la hoguera.

FRIGHTENING FACT

One visitor was said to have been lifted and thrown across the hall in the Bishop's Room of the Ancient Ram Inn.

UN DATO ATERRADOR

Se dice que un visitante fue levantado y arrojado al otro lado del pasillo en el Cuarto del Obispo de este hotel.

A man named John Humphries bought the inn in 1968 and decided to make it his home. He claimed that during his first night's sleep, a **demonic** force grabbed his arm. It pulled him from his bed and dragged him across the room.

Un hombre llamado John Humphries compró el hotel en 1968 y decidió convertirlo en su hogar. Afirmaba que durante su primera noche allí, una fuerza **demoníaca** lo agarró del brazo, lo sacó de la cama y lo arrastró por el cuarto.

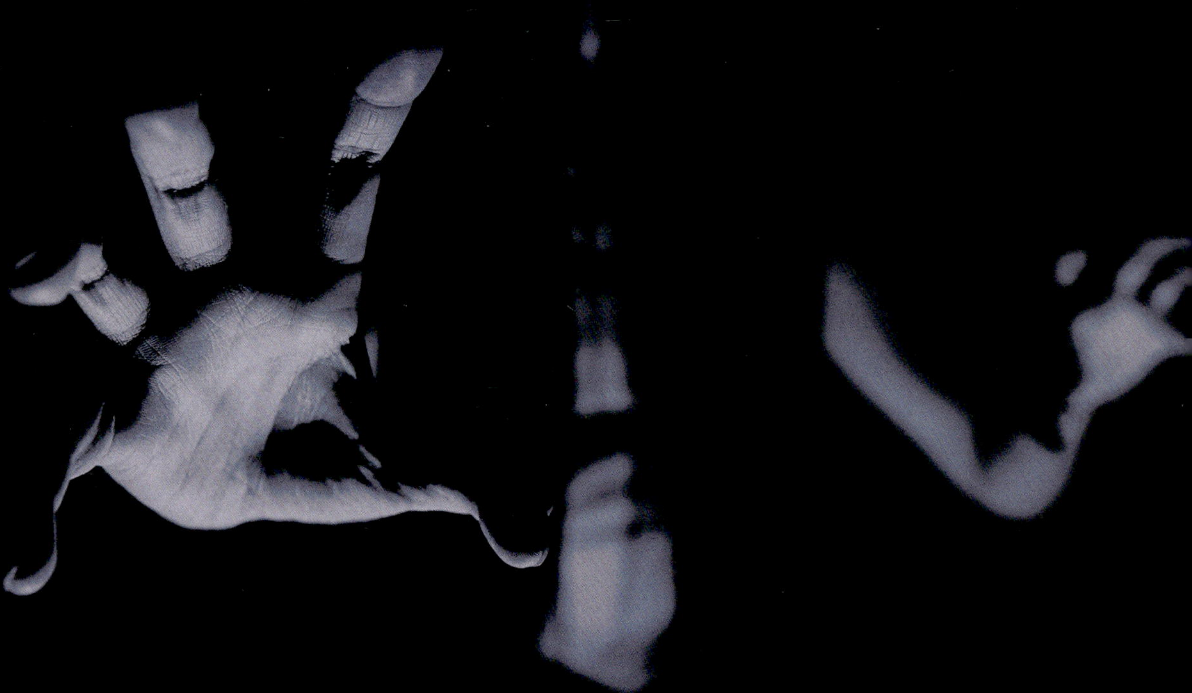

John was determined to live in the haunted inn. His wife and three daughters didn't want anything to do with it. They left, but John lived at the inn for almost 50 years.

John estaba decidido a vivir en el hotel encantado. Su esposa y tres hijas no querían saber nada de ese lugar. Se fueron, pero John vivió en el hotel durante casi 50 años.

Broken daggers and small skeletons were found buried beneath a staircase at Ancient Ram Inn. The **remains** appeared to be the bones of children. The daggers were likely used for some sort of dark ritual or sacrifice.

Dagas quebradas y pequeños esqueletos fueron encontrados debajo de una escalera en el Ancient Ram Inn. Los **restos** parecían ser huesos de niños. Las dagas probablemente fueron usadas para algún tipo de oscuro ritual o sacrificio.

LA FONDA ON THE PLAZA, NEW MEXICO

LA FONDA EN LA PLAZA, NUEVO MÉXICO

In New Mexico stands the hotel known as La Fonda on the Plaza. Built in 1922, it sits on the site of Santa Fe's first inn, back when the city was established around 1607.

El hotel conocido como la Fonda en la Plaza se encuentra en Nuevo México. Construido en 1922, está en el mismo lugar donde estuvo el primer hotel de la ciudad de Santa Fe, cuando fue fundada alrededor de 1607.

Guests have seen the ghost of a young bride who was murdered on her wedding night. Others have seen the **specter** of a cowboy hanging around the bar.

Varios huéspedes han visto el fantasma de una joven novia que fue asesinada en su noche de bodas. Otros han visto el **espectro** de un vaquero deambulando por el bar.

One of the most common **paranormal** occurrences is the appearance of Chief Justice John P. Slough's ghost. He was shot to death in the lobby in 1867. Visitors have heard Judge Slough's footsteps as he walks the hotel hallways. Others have spotted him wearing his favorite long, black coat before he disappears!

Uno de los eventos **paranormales** más comunes es la aparición del fantasma del magistrado John P. Slough, que en 1867 fue asesinado en el vestíbulo, a balazos. Los visitantes han oído los pasos del magistrado Slough caminando por los pasillos del hotel. Otros lo han visto con su abrigo favorito, largo y negro, ¡antes de desaparecer!

BORGVATTNET VICARAGE RAGUNDA, SWEDEN

EL VICARIATO BORGVATTNET, RAGUNDA, SUECIA

The Borgvattnet Vicarage is one of Sweden's most haunted locations. It was built in 1876 as a home for **vicars**. From the outside, it looks like an old, wooden cabin at the edge of the woods.

El Vicario Borgvattnet es uno de los lugares más encantados de Suecia. Fue construido en 1876 como un hogar para **vicarios**. Desde afuera, parece una vieja cabaña de madera a un lado del bosque.

Sometime in 1927, reports of hauntings came from the vicarage. The vicar living there claimed his laundry was torn from the clothesline without explanation.

En algún momento de 1927, llegaron reportes de que el vicariato estaba embrujado. El vicario que vivía allí afirmó que su ropa lavada desapareció del tendedero sin ninguna explicación.

Nearly every vicar and family member that moved into the house since has witnessed paranormal activity. Some have seen things move on their own. Others have heard screams. Shadow people have appeared.

Desde entonces, casi todo vicario o miembro de familia que haya habitado la casa ha visto actividades paranormales. Algunos han visto objetos moverse por sí solos, otros han oído gritos. Se ha visto a personas envueltas en sombras.

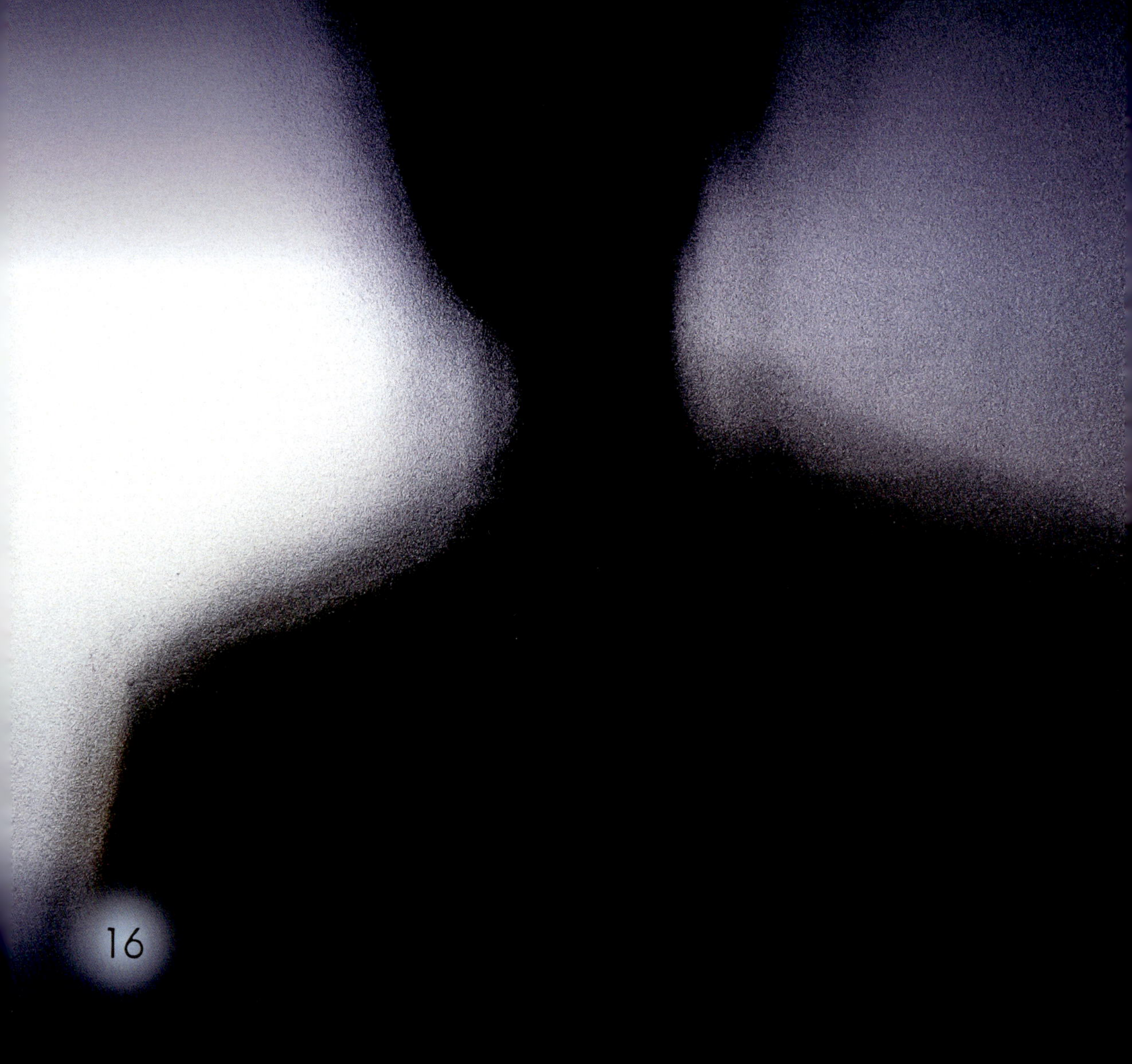

The vicarage is no longer a home for holy people. It is now a bed and breakfast for any brave soul who wants to spend the night.

En el vicariato ya no vive ningún ministro religioso. Ahora es una posada para cualquier persona valiente que quiera pasar la noche allí.

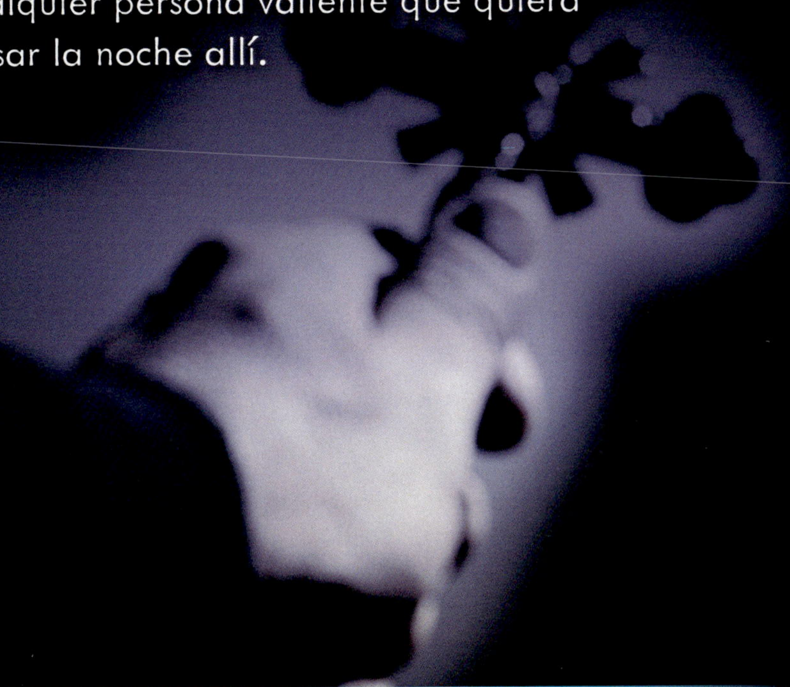

FRIGHTENING FACT

In the early 1980s, Father Tore Forslund vowed to rid the vicarage of ghosts. Nothing changed and he left within a year's time.

UN DATO ATERRADOR

A comienzos de la década de 1980, el padre Tore Forslund juró expulsar a los fantasmas del vicariato. No pudo hacer nada y abandonó el lugar menos de un año después.

RED LION INN, MASSACHUSETTS

RED LION INN, MASSACHUSETTS

Travelers who want a good night's sleep should probably avoid The Red Lion Inn. Built in 1773, this haunted hotel is located in Stockbridge, Massachusetts.

Los viajeros que buscan una buena noche de sueño, probablemente deberían evitar el Red Lion Inn. Construido en 1773, este hotel encantado está situado en Stokebridge, Massachusetts.

The fourth floor seems to be the spookiest. People have reported seeing a ghostly girl carrying flowers. A man in a top hat likes to stand over the bed of sleeping guests.

El cuarto piso parece ser el más macabro. Varias personas han informado haber visto a una niña fantasmal llevando flores. A un hombre con sombrero alto le gusta pararse en la cama de los huéspedes mientras duermen.

FAIRMONT BANFF SPRINGS HOTEL

EL HOTEL FAIRMONT BANFF SPRINGS

The Fairmont Banff Springs Hotel in Calgary, resembles a castle nestled in the Canadian mountainside. It opened in 1888 and quickly became popular for both the living and the dead.

El hotel Fairmont Banff Springs, en Calgary, parece un castillo en la ladera de una montaña canadiense. Abrió en 1888 y rápidamente se hizo popular entre los vivos y los muertos.

Several ghosts haunt the massive hotel, including a bride who fell to her death on a stone staircase. A **bellman** named Sam is believed to help guests with their luggage and unlock doors.

Varios fantasmas rondan el enorme hotel, incluyendo una novia que murió tras caer de una escalera de piedra. Se creía que un **botones** llamado Sam ayuda a los huéspedes con su equipaje y a abrir las puertas.

Rumor has it that a family was murdered in room 873. Some guests who have stayed in the room since have been awoken by screaming. Bloody handprints were said to appear on the mirrors. Visit the hotel now and you'll find that room 873 is no longer there. Many believe it was closed up to keep visitors out!

Se rumora que una familia fue asesinada en el cuarto 873. Desde entonces, algunos huéspedes que se han alojado en este cuarto han sido despertados por los gritos. Se dice que en dos espejos aparecen huellas sangrientas. Si visitas el hotel, encontrarás que el cuarto 873 ya no existe. ¡Muchos creen que fue sellado para que los huéspedes no entraran allí!

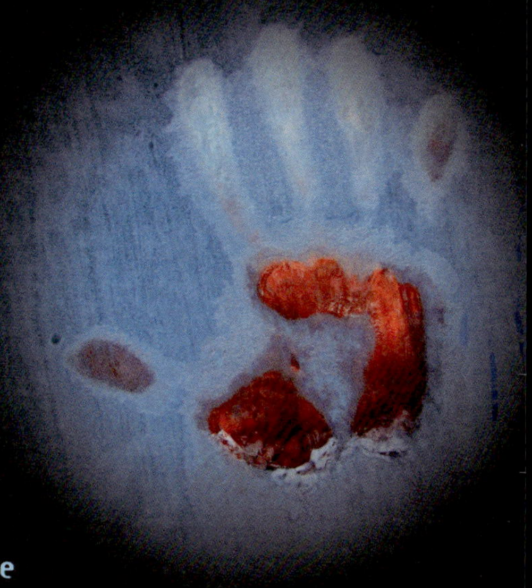

SAVOY HOTEL, MUSSOORIE, INDIA

HOTEL SAVOY, MUSSOORIE, INDIA

In Mussoorie, India, sits the beautiful Savoy Hotel, built in 1902. Despite looking like a peaceful resort, the large property has a haunted history.

El hermoso hotel Savoy está situado en Mussoorie, India. Fue construido en 1902. Aunque parece un balneario tranquilo, este gran hotel tiene una historia encantada.

The body of **spiritualist** Frances Garnett-Orme was discovered inside her locked room. She was mysteriously poisoned. Her ghost is rumored to haunt the hotel, looking for the person who murdered her.

El cuerpo de la **espiritista** Frances Garnett-Orme fue encontrado en su cuarto. Al ser envenenada misteriosamente, se rumorea que ahora su fantasma ronda por el hotel en busca de la persona que la asesinó.

FRIGHTENING FACT

A number of classic authors were interested in the case of Lady Garnett, including Sherlock Holmes author Sir Arthur Conan Doyle, and mystery writer Agatha Christie.

UN DATO ATERRADOR

Varios autores clásicos se interesaron en el caso de la señora Garnett, incluido el autor de Sherlock Holmes, Sir Arthur Conan Doyle y a la escritora de novelas de misterio Agatha Christie.

THE STANLEY HOTEL

HOTEL STANLEY

Perhaps one of the most popular haunted hotels is the Stanley Hotel in Estes Park, Colorado. It opened in 1909 and sits near the entrance of Rocky Mountain National Park.

Tal vez uno de los hoteles más encantados sea el hotel Stanley en Estes Park, Colorado. Abrió en 1909 y está cerca del parque nacional de las Montañas Rocosas.

The hotel was built by and named after F.O. Stanley, the man who invented the Stanley Steemer Automobile. He passed away in 1940, but according to many, he never left the hotel behind.

F. O. Stanley

El hotel fue construido por F. O. Stanley (el hombre que inventó el automóvil Stanley Steemer) y nombrado en su honor. Stanley falleció en 1940, pero muchas personas dicen que nunca abandonó el hotel.

Mr. Stanley's ghost is thought to sometimes appear to guests near the reception desk. The phantom of his wife Flora often plays the piano in an otherwise empty music room.

Se piensa que algunas veces el fantasma del señor Stanley se les aparece a los huéspedes cerca del escritorio de la recepción. Flora, el fantasma de su esposa, con frecuencia toca el piano en un salón de música casi totalmente vacío.

Elizabeth was a **chambermaid** who nearly died in an explosion at the Stanley in the 1920s. She recovered and worked there until she died at age 90. Her ghost passes through doors to straighten up the rooms.

Elizabeth era una **camarera** que en la década de 1920 por poco muere a causa de una explosión en el hotel. Se recuperó y siguió trabajando allí hasta su muerte, a la edad de 90 años. Su fantasma cruza las puertas para limpiar los cuartos.

The Stanley Hotel is also famous for being the **inspiration** for horror novelist Stephen King. He and his wife Tabitha, also a novelist, stayed there in 1974. After a nightmare, he woke up and came up with the idea for his best-selling novel *The Shining*. A movie based on the book features the ghosts of two young girls (above right).

El hotel Stanley también es famoso por ser **inspiración** para el novelista de terror Stephen King. Él y su esposa Tabitha, quien también es novelista, se hospedaron allí en 1974. Después de una pesadilla, Stanley despertó con la idea para su libro más vendido: *El resplandor*. La película basada en el libro incluye a los fantasmas de dos niñas (arriba, a la derecha).

CONCLUSION

CONCLUSIÓN

Are there really ghosts staying in the same hotels as the living? What one person sees, another might explain away.

¿Realmente hay fantasmas que se alojan en los mismos hoteles que los vivos? Lo que una persona ve, otra lo podría negar.

It's up to you to decide for yourself. If you hear or see something creepy, write it down or capture it with a camera. The evidence you discover might bring us closer to understanding...THE HAUNTED.

Está en tus manos decidir qué creer. Si oyes o ves algo macabro, escríbelo o captúralo con una cámara. La evidencia que descubras podría ayudarnos a entender ¡LO ENCANTADO!

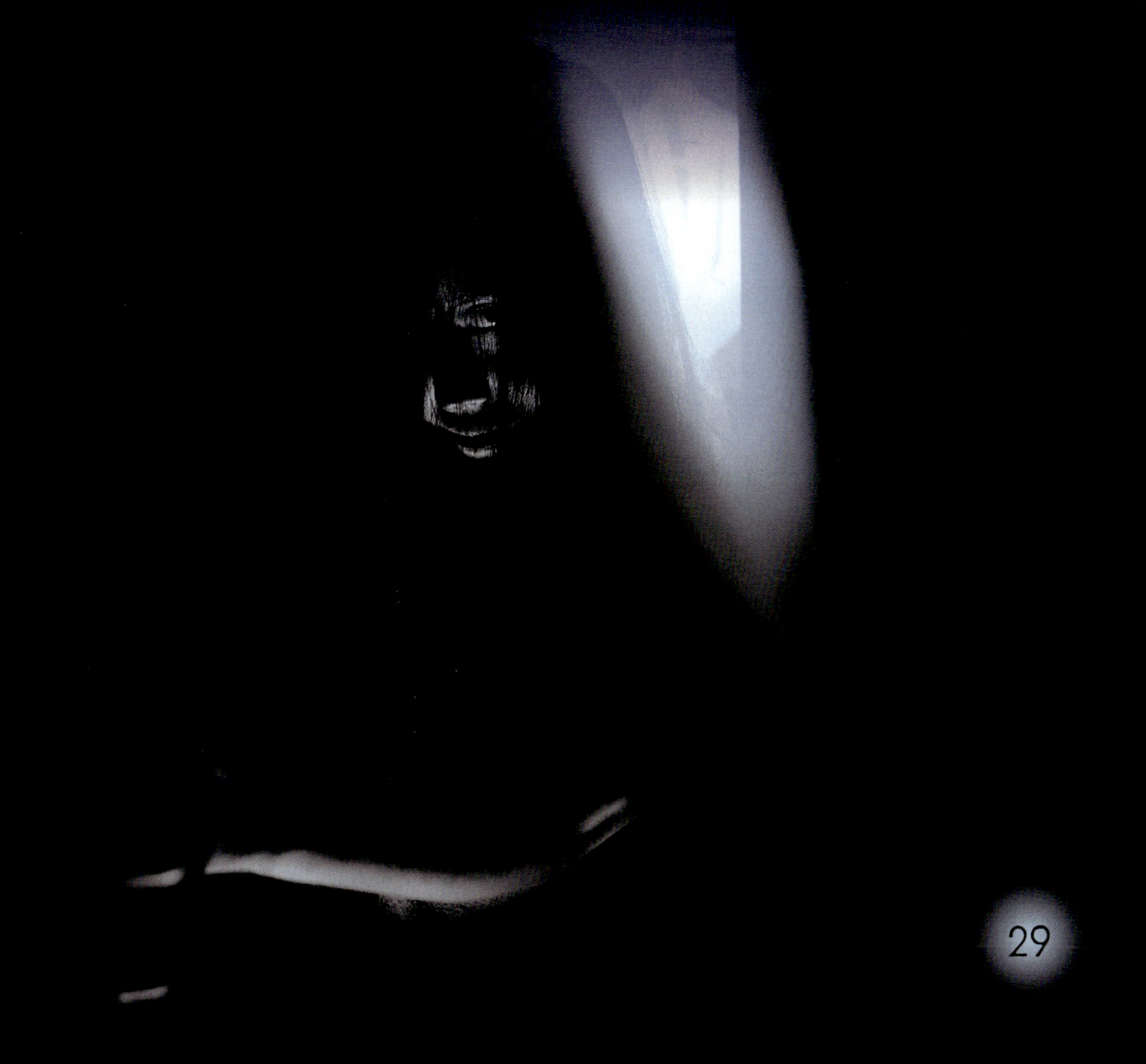

GLOSSARY

bellman (BEL-muhn): A person who works in a hotel and brings luggage to guests' rooms

chambermaid (CHAYM-bur-mayd): A maid who cleans and takes care of bedrooms in a hotel

demonic (di-MON-ik): An evil spirit, something that wishes to cause harm

inspiration (in-spihr-AY-shuhn): Something that causes someone to act, create, or feel emotions

pagan (PAY-guhn): A religion that focuses on spirituality or nature

paranormal (pa-ruh-NOR-muhl): Strange events that are beyond normal understanding

remains (ri-MAYNZ): The body of a dead person

specter (SPEK-tur): Another word for ghost

spiritualist (SPIHR-i-tyool-ist): A person who believes the spirits of the dead can communicate with living people

vicars (VI-kurz): Ministers in charge of churches who represent other ministers

GLOSARIO

botones: Persona que trabaja en un hotel y que lleva equipaje a los cuartos de los huéspedes.

camarera: Mujer que limpia y organiza los cuartos de un hotel.

demoníaco: Un espíritu maligno, algo que busca hacer daño.

espectro: Otra palabra para fantasma.

espiritista: Persona que cree que los espíritus de los muertos se pueden comunicar con las personas.

inspiración: Algo que hace que alguien quiera actuar, crear o que le provoca emociones.

pagano: Religión que se enfoca en la espiritualidad o la naturaleza.

paranormales: Elementos extraños que están más allá de la comprensión normal.

restos: El cuerpo de una persona muerta.

vicarios: Ministros a cargo de iglesias y que representan a otros ministros.

INDEX

ÍNDICE ANALÍTICO

WEBSITES TO VISIT

SITIOS WEB (PÁGINAS EN INGLÉS):

https://kids.kiddle.co/Ghost

www.hauntedrooms.co.uk/ghost-stories-kids-scary-childrens

www.ghostsandgravestones.com/how-to-ghost-hunt

ABOUT THE AUTHOR

Thomas Kingsley Troupe is the author of a whole pile of books for kids. He's written about ghosts, Bigfoot, werewolves, and even a book about dirt. When he's not writing or reading, he investigates the paranormal as part of the Twin Cities Paranormal Society. He lives in Woodbury, Minnesota with his 2 sons.

ACERCA DEL AUTOR

Thomas Kingsley Troupe ha escrito muchísimos libros para niños. Sus temas incluyen fantasmas, Pie Grande, hombres lobo e incluso un libro sobre la suciedad. Cuando no escribe o lee, investiga lo paranormal como parte de la Sociedad Paranormal de las Ciudades Gemelas. Vive en Woodbury, Minnesota con sus dos hijos.

Crabtree Publishing

crabtreebooks.com 800.387.7650

Written by/Escrito por: Thomas Kingsley Troupe
Designer/Diseñadora: Jennifer Dydyk
Editor/Editora: Kelli Hicks
Proofreader/Correctora de pruebas: Melissa Boyce
Translated by/Traducción de: Santiago Ochoa
Spanish-language layout and proofread/
Maquetación y corrección en español: Base Tres

Hardcover 978-1-0398-6927-1
Paperback 978-1-0398-6906-6
Ebook (pdf) 978-1-0398-6948-6
Epub 978-1-0398-6969-1

Library and Archives Canada Cataloguing in Publication
Available at the Library and Archives Canada

Library of Congress Cataloging-in-Publication Data
Available at the Library of Congress

Printed in Canada/Impreso en Canadá
012025/CP20250101

Published in Canada
Publicado en Canadá
Crabtree Publishing
616 Welland Avenue
St. Catharines, Ontario
L2M 5V6

Published in the United States
Publicado en los Estados Unidos
Crabtree Publishing
347 Fifth Avenue
Suite 1402-145
New York, NY 10016

The images/photos depicting "ghosts" in this book are artists' interpretations. The publisher does not claim these are actual images/photos taken of the ghosts mentioned in this book.

Las imágenes y fotografías de «fantasmas» contenidas en este libro son interpretaciones de los artistas. La editorial no asegura que sean imágenes reales o fotografías de los fantasmas mencionados en este libro.

Photographs: Cover: Man and hotel © Ollyy, skull on cover and throughout book © Fer Gregory, pages 4-5 creepy picture borders here and throughout book © Dmitry Natashin, page 4 © feeling lucky, page 5 hotel © Gudmund, page 6 © Andrey Bayda, page 7 Marilyn © Editorial credit: Javi Az / Shutterstock.com, hotel interior © Editorial credit: littlenySTOCK / Shutterstock.com, pages 8-9 © Anneka, page 10 © feeling lucky, page 11 © Masarik, page 12 © Andriy Blokhin, page 13 ghost bride © Salome Hoogendijk, page 14-15 © Jojoo64, page 16 © jirakit suparatanameta, page 17 © itsmejust, page 20 © Paula Cobleigh, page 21 bell-hop © Pressmaster, handprint © Kirill Kurashov, page 23 © ADragan, pages 24-25 © MHalvorson, page 26 © Kaul Photo and Cinema, page 27 Stephen King © Editorial credit: Everett Collection / Shutterstock.com, Twins from movie The Shining © Hethers, page 28 © Cinemato, page 29 © feeling lucky. All images from Shutterstock.com except page 8 © Brian Robert Marshall / Ram Inn, Potters Pond, Wotton under Edge / CC BY-SA 2.0, page 13 John Potts Slough public domain image, Page 18 Red Lion Inn, Massachusetts © John Phelan https://creativecommons.org/licenses/by-sa/4.0/deed.en, page 19 © ysbrandcosijn/istockphoto.com, page 22 Nick Kenrick/Flickr https://creativecommons.org/licenses/by/2.0